I Made a Picture

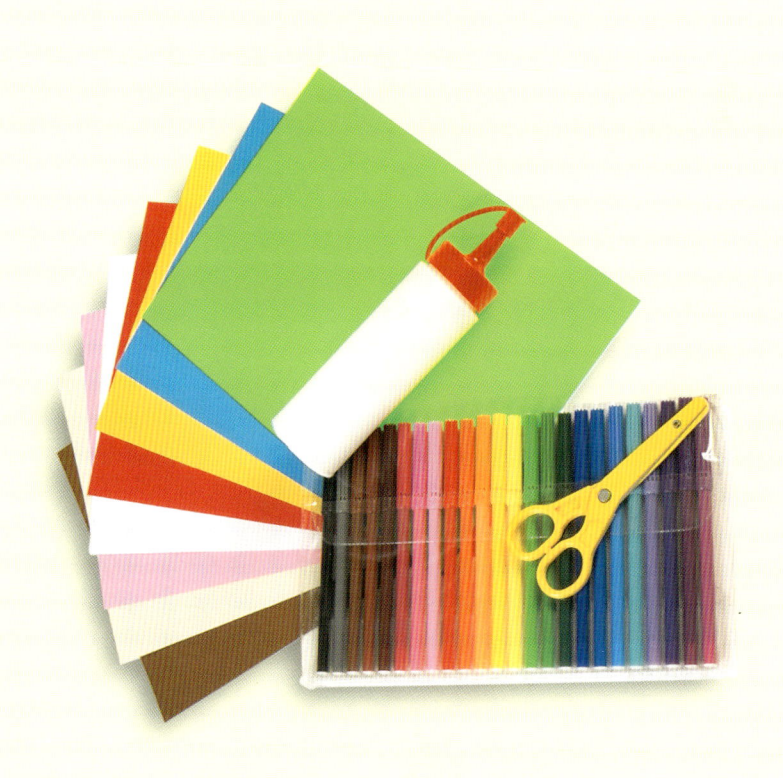

I made
a green hill.

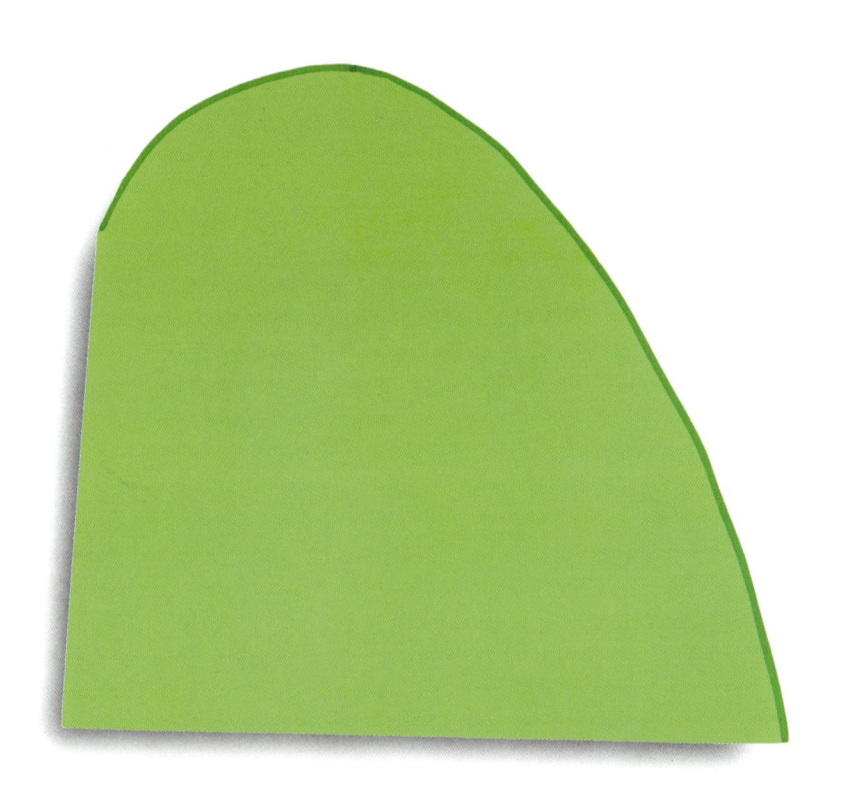

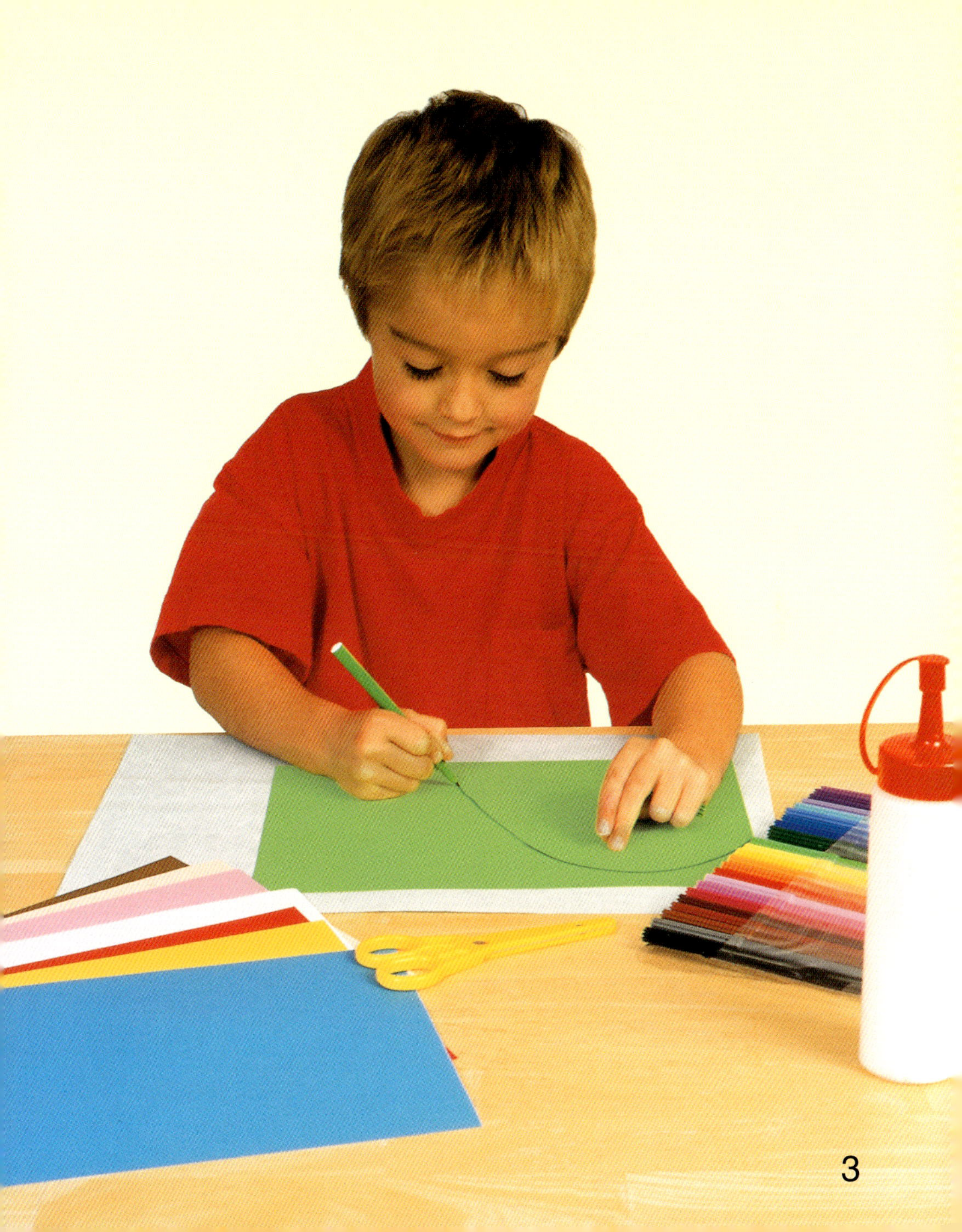

I made
a pink flower.

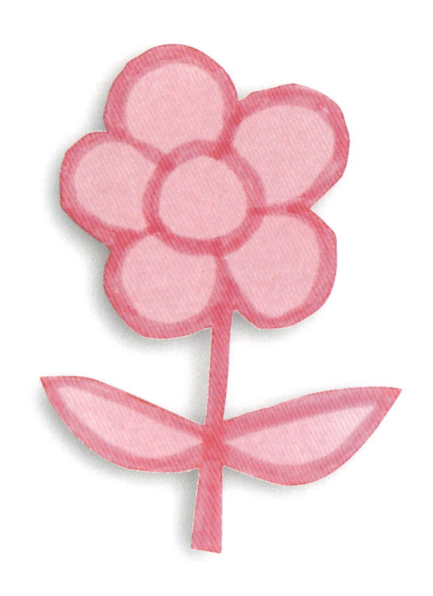

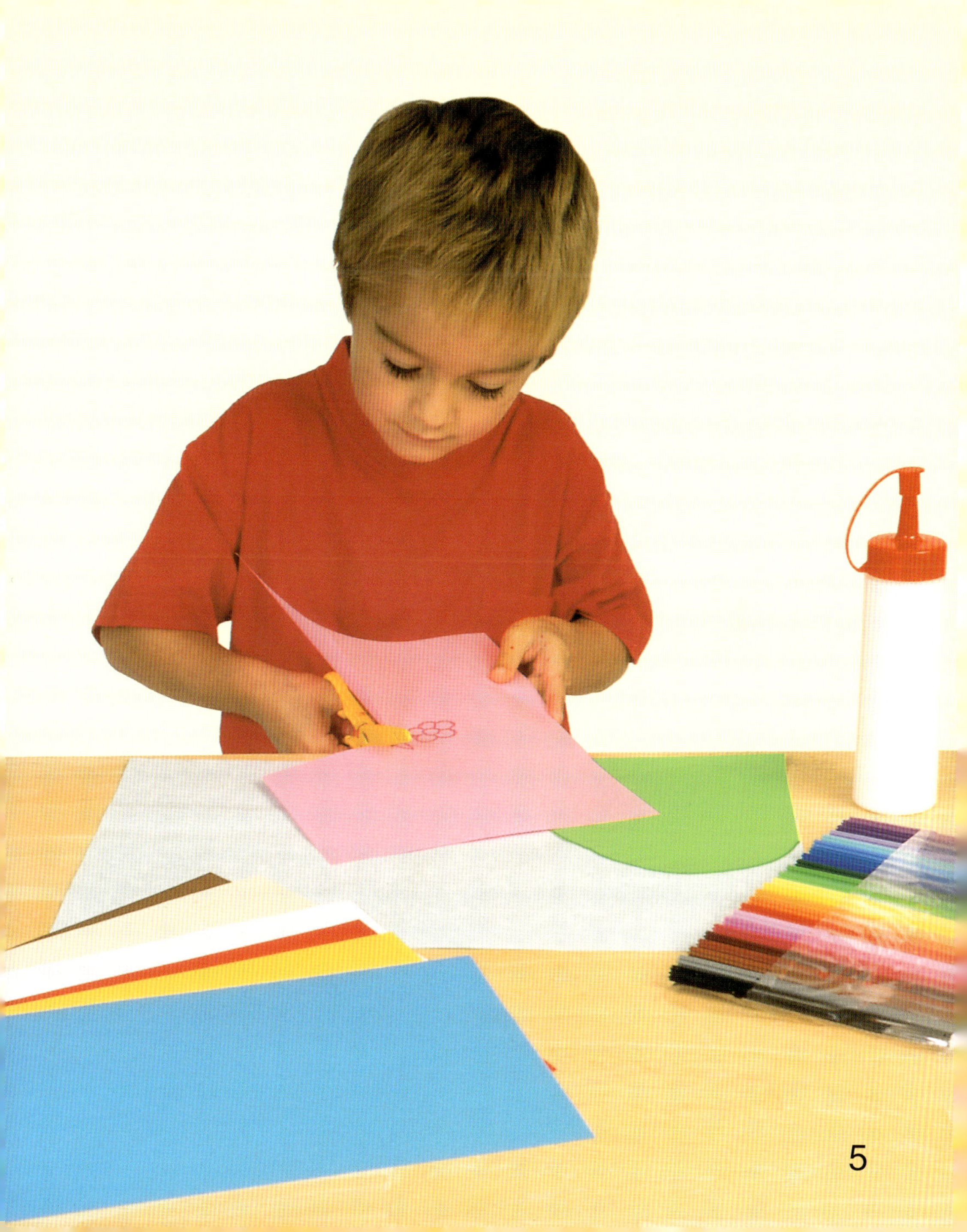

I made
a yellow sun.

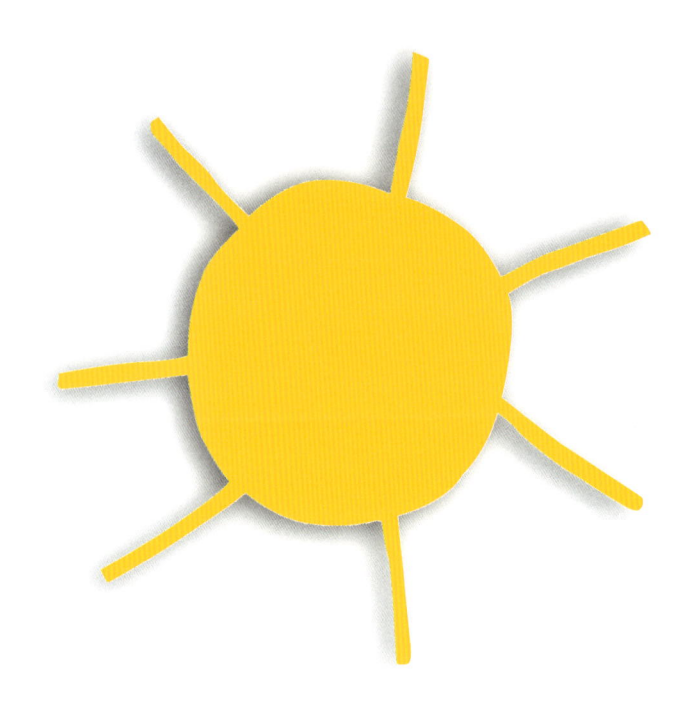

7

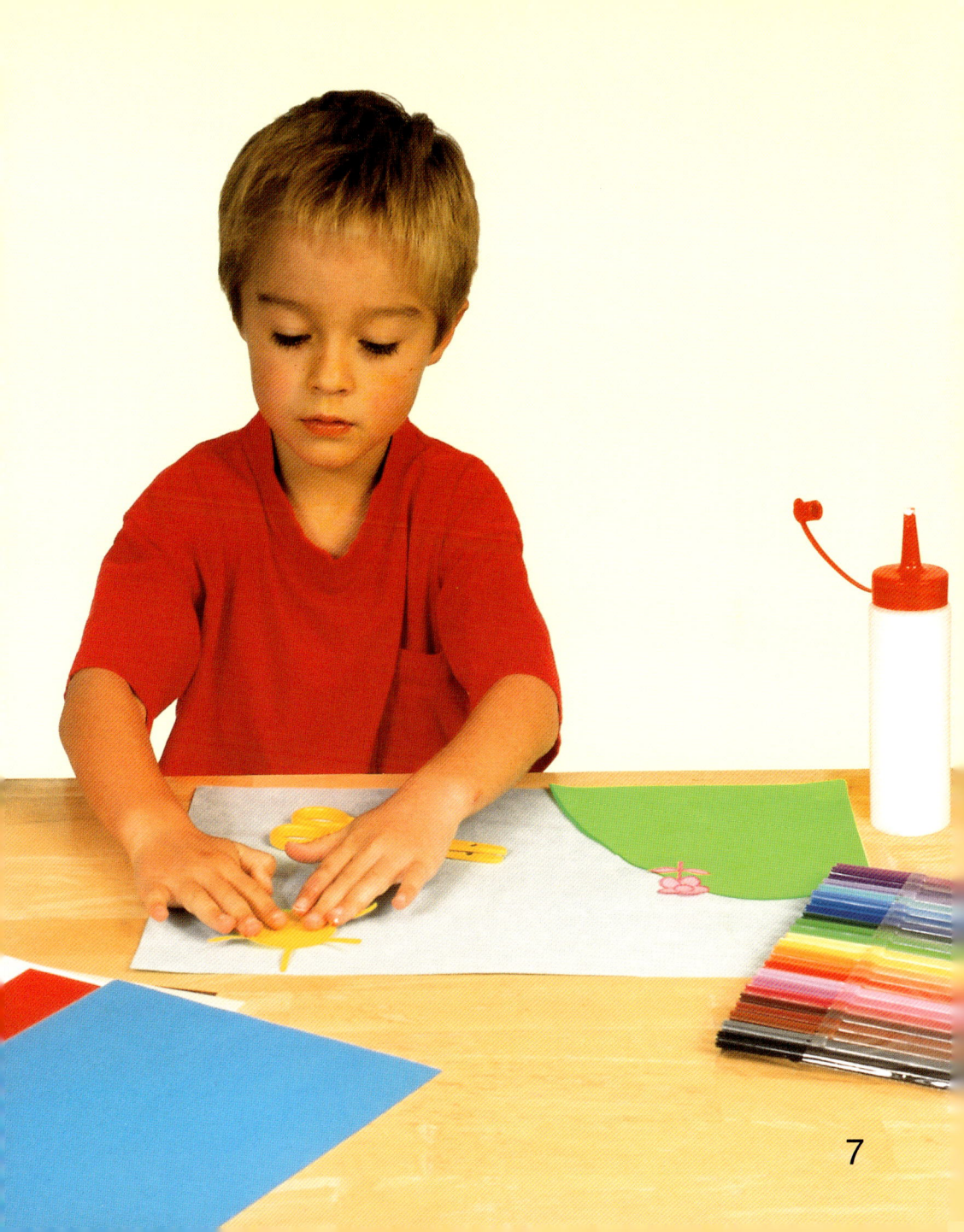

I made
a brown tower.

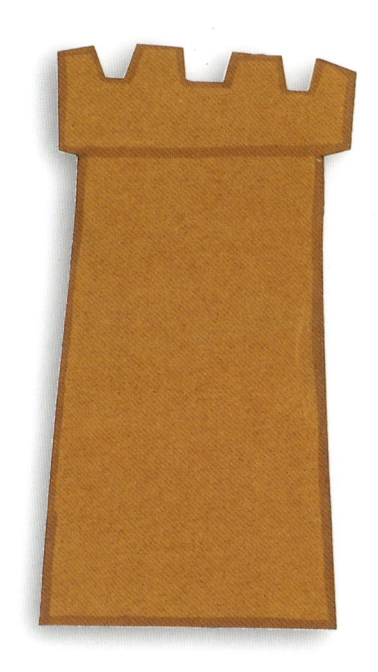

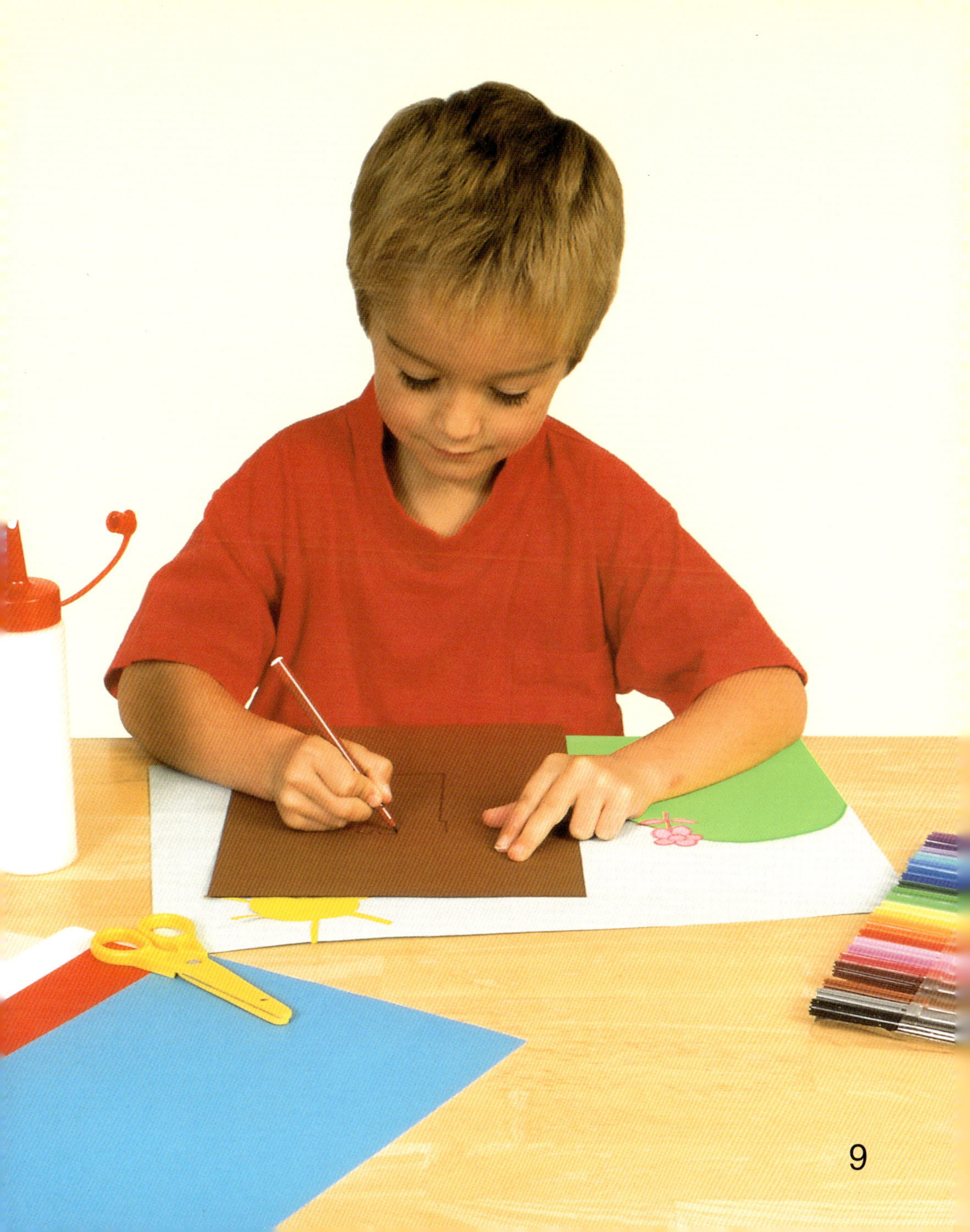

I made
a white cloud.

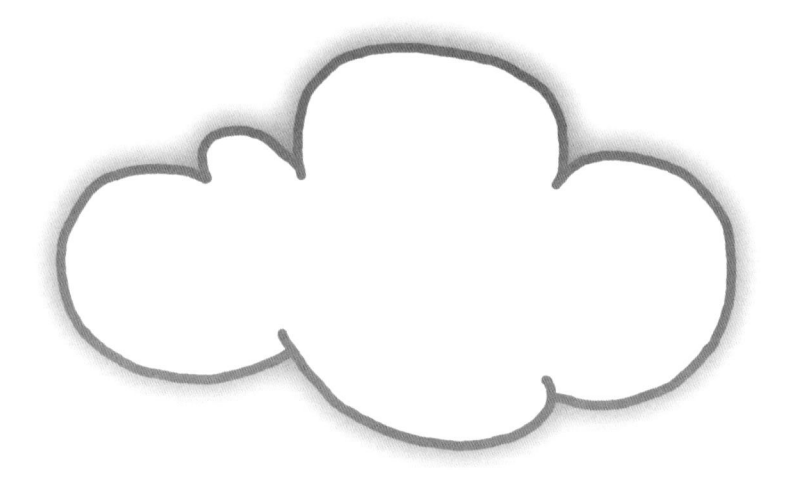

11

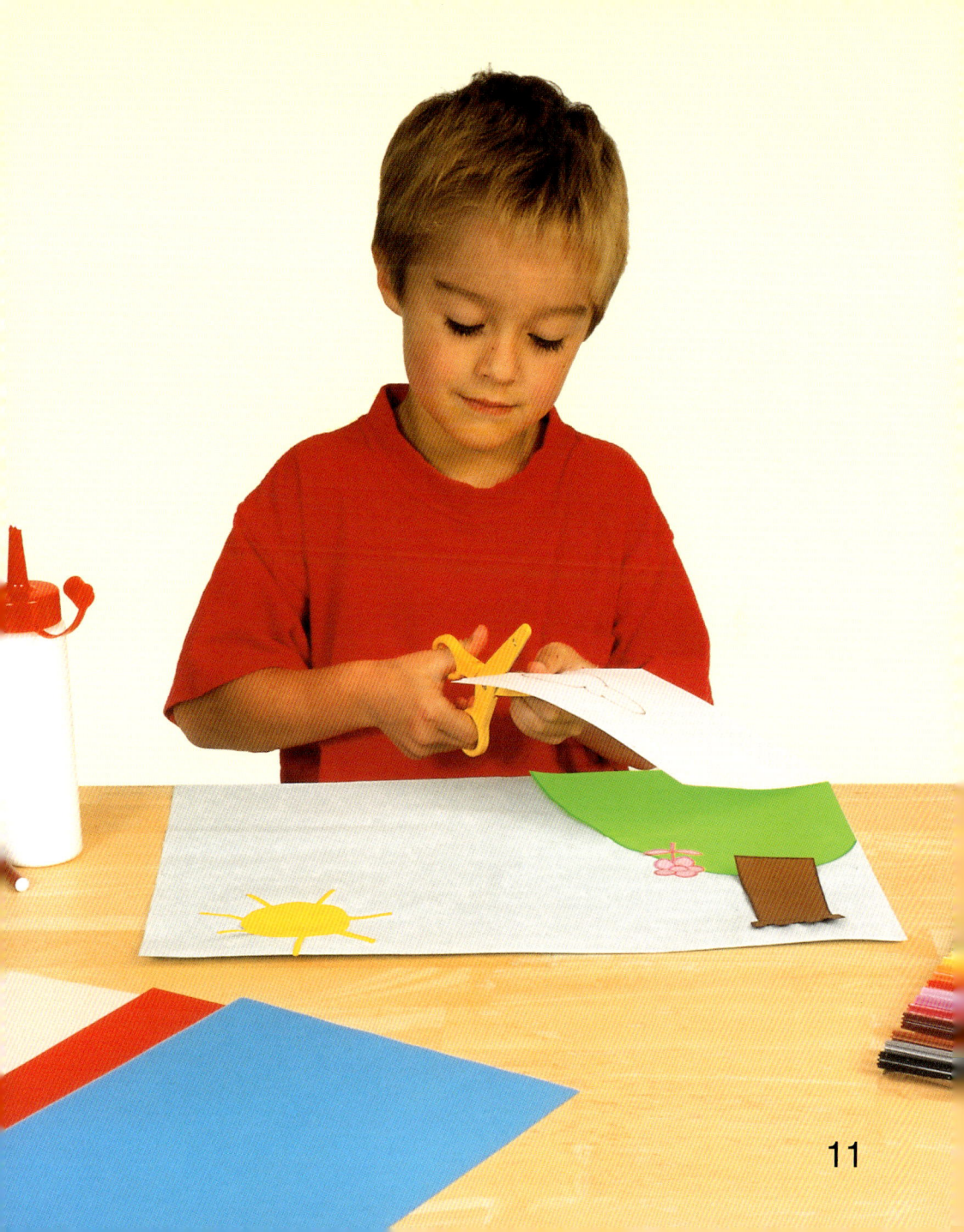

I made
a blue sea.

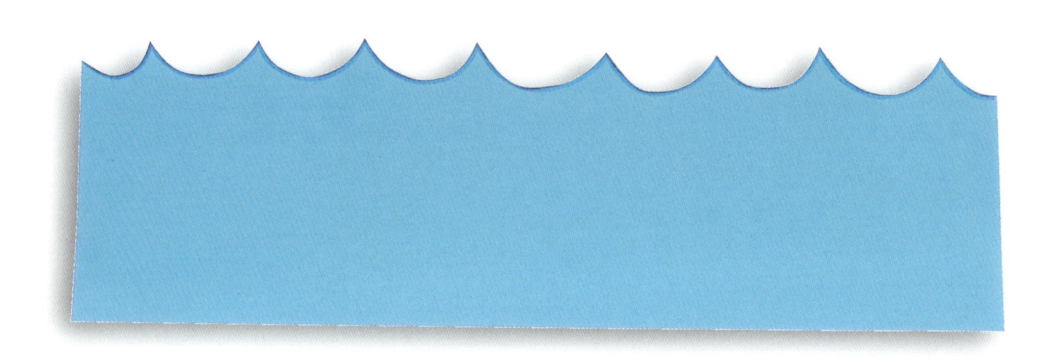

13

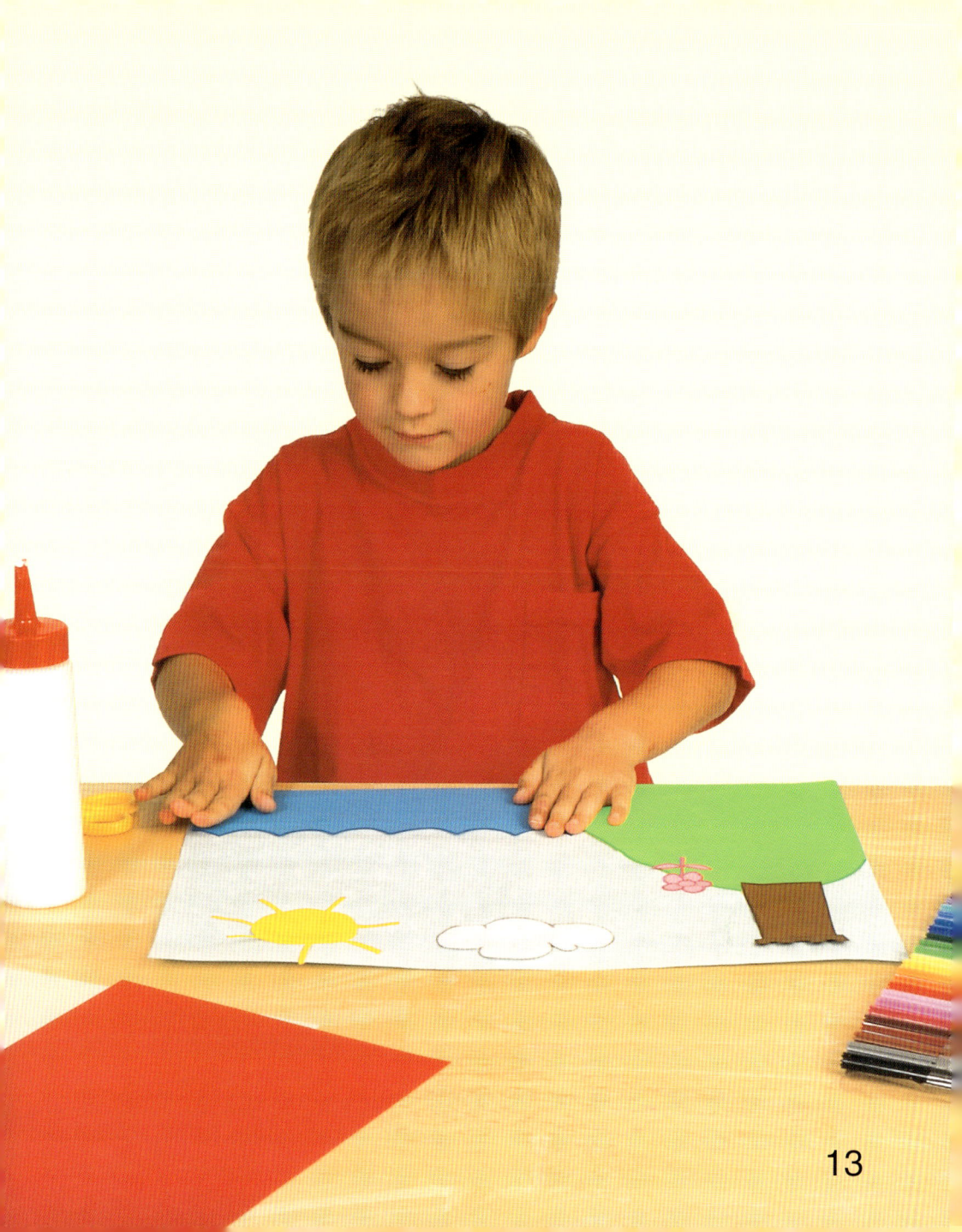

I made
a red boat.

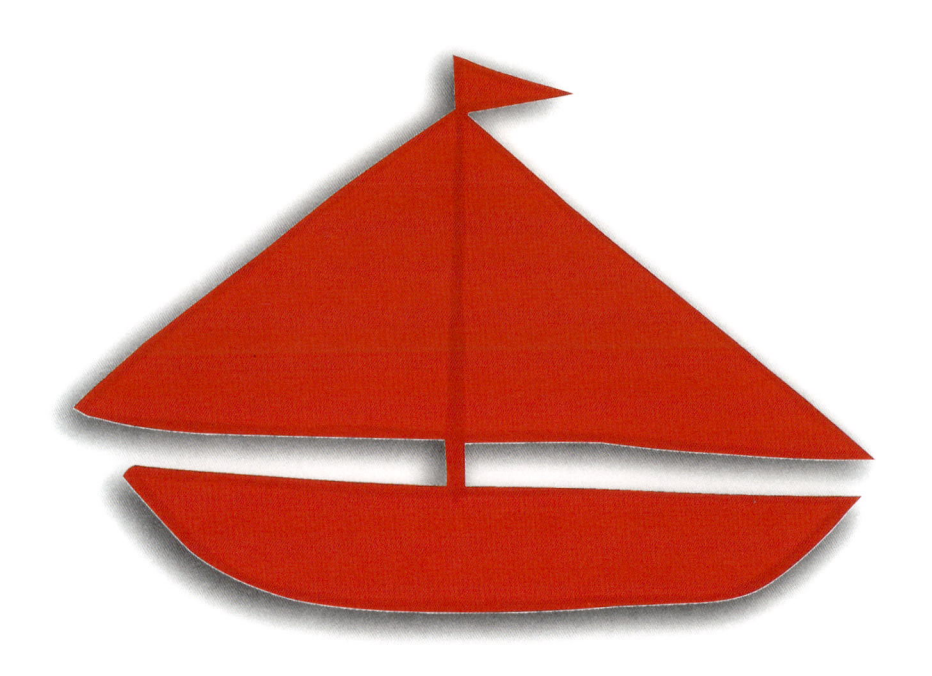

15

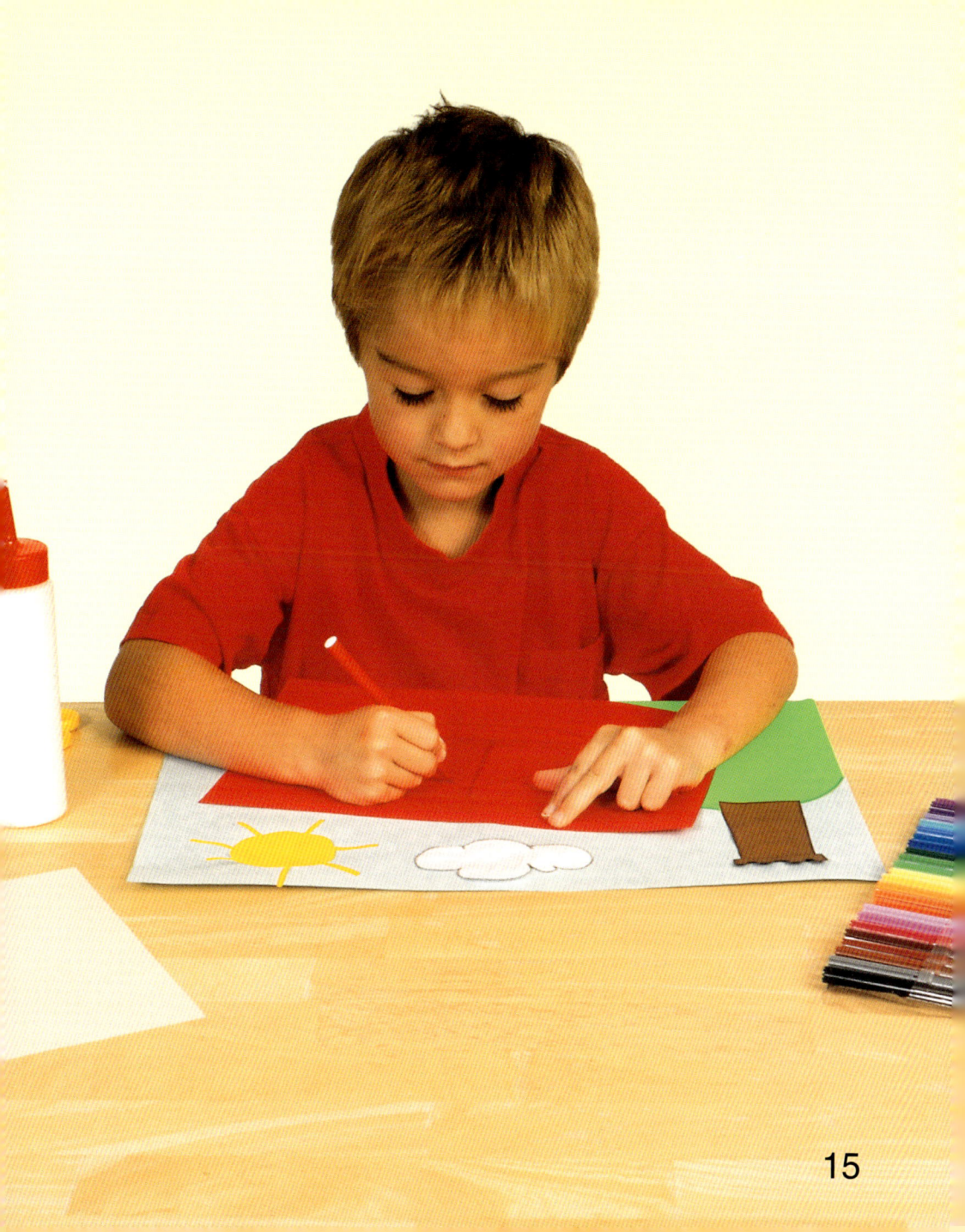

Then I made me!

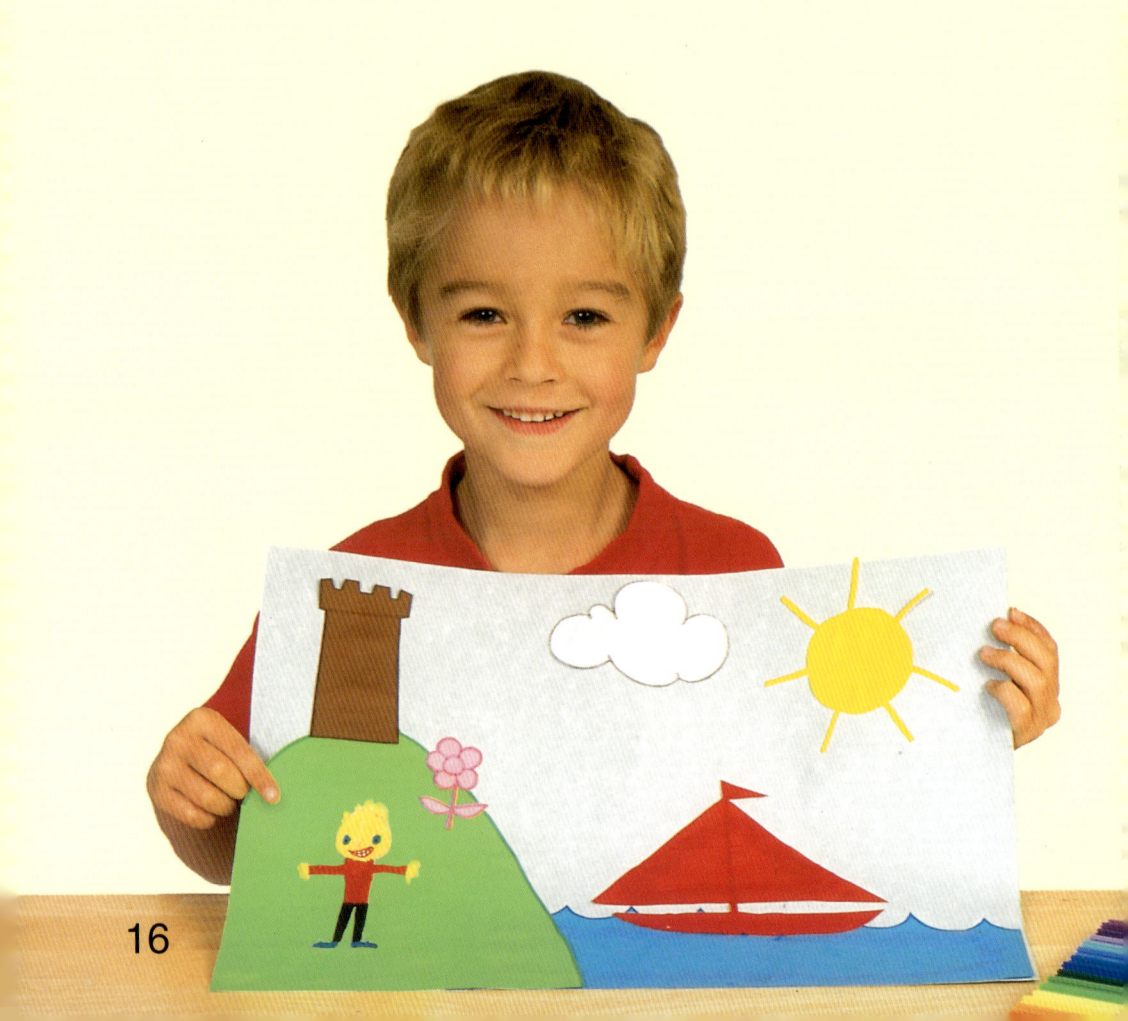